Giuseppe Verdi
AIDA

Giuseppe Verdi al tempo dell'Aida

GIUSEPPE VERDI

AIDA

Opera in quattro atti

Libretto di ANTONIO GHISLANZONI

Prima rappresentazione:
Cairo, Teatro dell' Opera, 24 Dicembre 1871

PARTITURA
(nuova edizione riveduta e corretta)

Ricordi

PERSONAGGI

Soprano	AIDA, schiava etiope
Mezzo-Soprano	AMNERIS, figlia del re dell'Egitto
Tenore	RADAMÈS, capitano delle guardie
Baritono	AMONASRO, re d'Etiopia, padre di Aida
Basso	RAMFIS, capo dei sacerdoti
Basso	IL RE DELL'EGITTO, padre di Amneris
Tenore	UN MESSAGGERO

Sacerdoti, sacerdotesse, ministri,
capitani, funzionari, schiavi e prigionieri etiopi,
popolo egizio, ecc. ecc.

*L'azione ha luogo a Menfi e a Tebe
all'epoca della potenza dei Faraoni*

ORCHESTRA

2 Flauti [Fl.]
III Flauto e Ottavino [Ott.]
2 Oboi [Ob.]
Corno Inglese [C. Ing.]
2 Clarinetti [Clar.]
Clarinetto Basso [Clar. B.]
2 Fagotti [Fag.]

4 Corni [Cor.]
2 Trombe [T. be]
3 Tromboni [Tr. ni]
Cimbasso [Cimb.]

Timpani [Timp.]
Triangolo [Triang.]
Piatti [P.]
Tam - tam
Gran Cassa [G. C.]

2 Arpe

sul palco
2 Arpe
3 Trombe Egiziane in La^b
3 Trombe Egiziane in Si   [Tr. be Egiz.]
4 Trombe in Do [Tr. be]
4 Tromboni [Tr. ni]
Gran Cassa [G. C.]
Banda

Violini I
Violini II   [Viol.]
Viole [V. le]
Violoncelli [Vc.]
Contrabbassi [Cb.]

INDICE

AIDA
di
Giuseppe Verdi

Preludio

ANNO MCMLVIII.

Copyright MCMXIII, by G. RICORDI & Co.
P. R. 153

ATTO PRIMO

SCENA PRIMA
Sala nel Palazzo del Re a Menfi.

A destra e a sinistra una colonnata con statue e arbusti in fiori. - Grande porta nel fondo, da cui appariscono i tempii, i palazzi di Menfi e le Piramidi.

INTRODUZIONE E SCENA

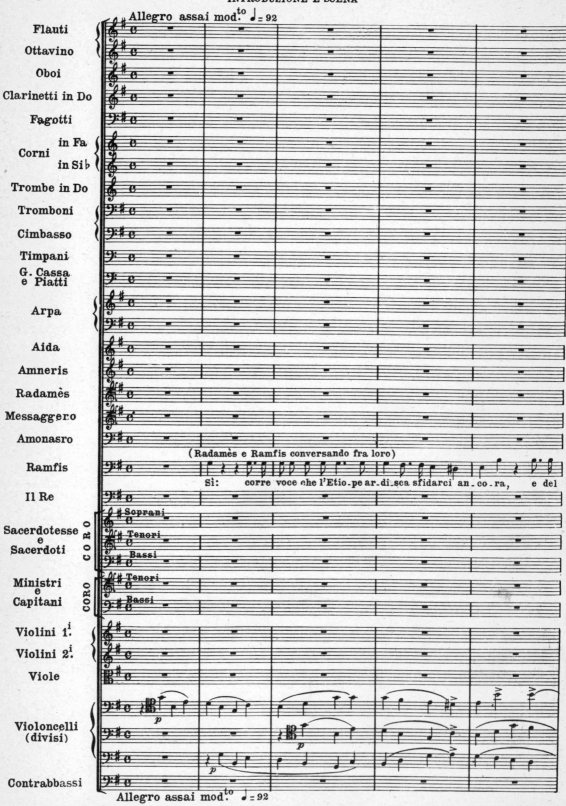

Quando i Violoncelli sono dieci, bisogna dividerli: 3 primi, 3 secondi, 4 terzi.

Romanza

10

ser - to   di   lu - ce e fior;   del   mio pen-sie - ro

tu   sei   re-gi-na, tu di mia vi-ta sei lo splendor.

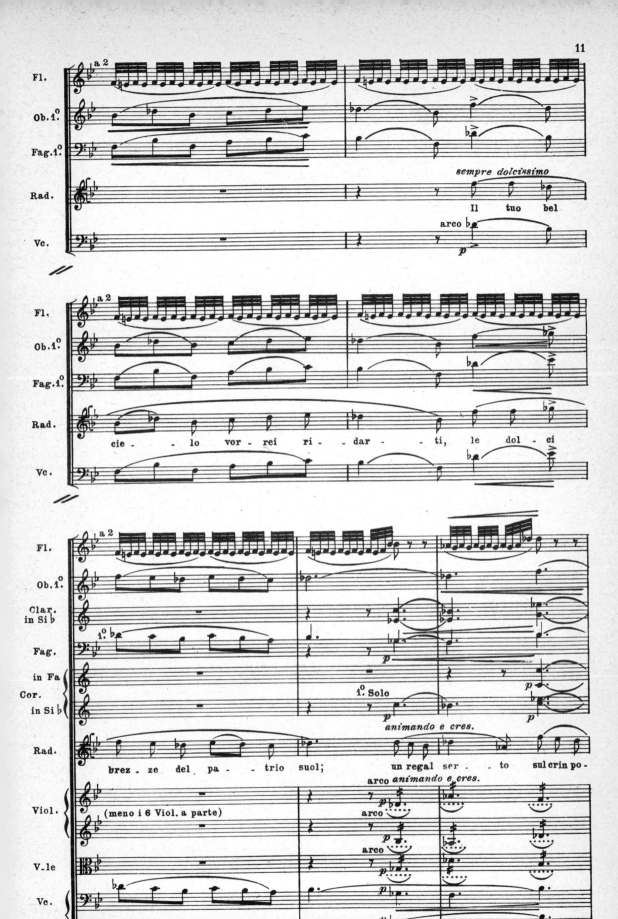

C
Fl.
a 2
cres.
Ob. 1°
Clar. in Sib
Fag.
1°Solo
espressivo
pp
in Fa
Cor.
in Sib
ff
Rad.
con entusiasmo
f
sol ah!
Opp.
-sar - ti, ergerti un tro - - no vicino al sol. Ce - le - ste A-
6 Viol. divisi (a parte)
senza Sord.
ppp leggerissime
Viol.
pizz.
V-le
Vc.
Cb.

14

-sie - ro tu sei re - gi - na, tu di mia vi - ta sei lo splen-

Degna d'invidia oh! quan _ _ to sa _ ri _ _ a   la   don _ na   il cui bramato a _

_ spetto tanta lu _ _ ce   di gau _ dio in te destas _ se!

Rec.vo

D'un sogno avventu _ roso si be _ a _ va il mio

22

25

P.R.153

26

34

(Entra il Re, preceduto dalle sue guardie e seguito da Ramfis, dai Ministri, Sacerdoti, Capitani ecc, ecc.)

P. R. 153

42

46

P.R. 153

50

P. R. 153

52

bandiera a Radamès)

du - ce, il ves - sil - lo glo - ri - o - so; ti sia gui - da, ti sia lu - ce del - la glo - ria sul sen -

P. R. 153

60

62

Scena e Romanza - AIDA

68

72

Timp.

Aida

.frir, ah........ pie . tà, Nu.mi,pie . tà del mio sof . frir,....... Numi,pie .

Viol.

V-le

Ve.

Cb.

Timp.

Aida

perdendosi

.tà del mio sof . frir, Nu . mi pie . tà del mio sof

Viol.

V-le

Ve.

Cb.

Clar.
in Sib

Fag.

Aida

.frir!

Viol.

V-le

Ve.

Cb.

P.R.153

SCENA SECONDA
Interno del Tempio di Vulcano a Menfi.

Una luce misteriosa scende dall'alto. - Una lunga fila di colonne, l'una all'altra addossate, si perde fra le tenebre.
Statue di varie Divinità. Nel mezzo della scena, sovra un palco coperto da tappeti, sorge l'altare sormontato da
emblemi sacri. Dai tripodi d'oro si innalza il fumo degli incensi.

GRAN SCENA DELLA CONSACRAZIONE E FINALE I.º

P. R. 153

74

Danza Sacra delle Sacerdotesse

A Allegretto ♩= 96

A Allegretto ♩= 96

P.R.153

78

(Radamès viene introdotto senz'armi, va all'altare; sul suo capo vien steso un velo d'argento)

P.R. 153

Il sa_cro brando dal Dio temprato, per tua man di_venti ai nemi_ci terror, folgore, mor_ _ _

83

P. R. 153

Fl.

Ott.

Ob.

Clar.
in Sib

Fag.

Cor. { in Mib
in Sib

Tr:be
in Mib

Tr.ni

Cimb.

Timp.

G.C.

Arpe

CORO INTERNO

Rad.
noi t'in-vo-chia - mo!

Ram.
mondo,   tu che dal nul - la hai trat-to l'on - de,

SACERDOTI
tu chedal nul - la hai tratto l'on - de,

tu che dal nul - la hai tratto l'on - de, la terra il

Viol.

V-le

Vc.

Cb.

p   P.R. 153   p

Fine dell' Atto primo.

ATTO SECONDO
Introduzione
SCENA, CORO DI DONNE E DANZA DEGLI SCHIAVI MORI.

SCENA I. Una sala nell'appartamento di Amneris.

Amneris circondata dalle Schiave che l'abbigliano per la festa trionfale. Dai tripodi si eleva il profumo degli aromi. Giovani schiavi mori danzando agitano i ventagli di piume.

104

al soffio, al soffio del guerrier.

Vieni: di gloria il

soffio del guerrier, al soffio del guer-rier.

P.R. 153

106

P.R. 153

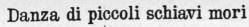

Danza di piccoli schiavi mori

108

110

P.R. 153

116

118

Scena e Duetto

126

- gnarono della tua patria a danno... qual..cu..no... un dolce af..fanno... forse... a te in cor de..stò?.............

Che

parli?...

A tut..ti barbara non si mostrò la sor..te...Se in campo il du..ce im..pa..vido cadde tra..fit..to a

P.R. 153

140

Gran Finale secondo.

SCENA II. Una degli ingressi della città di Tebe.

Sul davanti un gruppo di palme. A destra il tempio di Ammone - a sinistra un trono sormontato da un baldacchino di porpora.- Nel fondo una porta trionfale.- La scena è ingombra di popolo.

Entra il Re, seguito dai Ministri, dai Sacerdoti, Capitani, Flabelliferi, Porta insegne, ecc., ecc. Quindi Amneris con Aida e schiave. Il Re va a sedere sul trono. Amneris prende posto alla sinistra del Re.

148

P. R. 153

150

156

(Le truppe Egizie, precedute dalle fanfare, sfilano dinanzi al Re)

160

(Altro corpo di truppe con alla testa i trombettieri)

P. R . 153

161

P. R. 153

Ballabile

Più mosso ♩=144

(Un drappello di danzatrici che recano i tesori dei vinti)

E **Più mosso** ♩=144

164

F

F

172

Fl.
Ott.
Ob.
Clar. in SI♭
Fag.
in MI♭
Cor.
in SI♭
Tr-be in MI♭
Tr-ni
Cimb.
Timp.
Triang.
Piatti
Viol.
V-le
Vc.
Cb.
1º solo
a 3
ff
p
pp

176

P.R. 153

178

182

P. R. 153

HD
Ott.
Ob.
Fag.
Tr-be inMi♭
Triang.
G.C.
Piatti
Vc.
Cb.
1º solo
1º solo
pp
pp
pp staccato
1ª sola
pp
pp
pp
pp
staccato
pp
pp staccato
tr
HD
Ott.
Ob.1º
Fag. 1º
Tr-ba 1ª in Mi♭
Triang.
G.C.
Piatti
Vc.
Cb.
tr

186

188

P. R. 153

196

200

P.R. 153

201

P.R. 153

bracciare Radamès)

M *Recitativo*

Tr-be

Tr-ni

Il Re

Salvator della pa.tria io ti sa.lu . . . to.

Cb.

M *Recitativo*

Banda

Il Re

Vie.ni, e mia fi.glia di sua man ti por.ga il ser.to tri.on.fa.le.

Viol.

V-le

Vc.

Cb.

N Come prima ♩=92

Fl.

Ott.

Clar. in Si♭

(Radamès s'inchina davanti ad Amneris che gli porge la corona)

4ᵃ Corda

Viol. 1ᵢ

sottovoce

Cb.

N Come prima ♩=92

208

P. R. 153

211

P.R.153

220

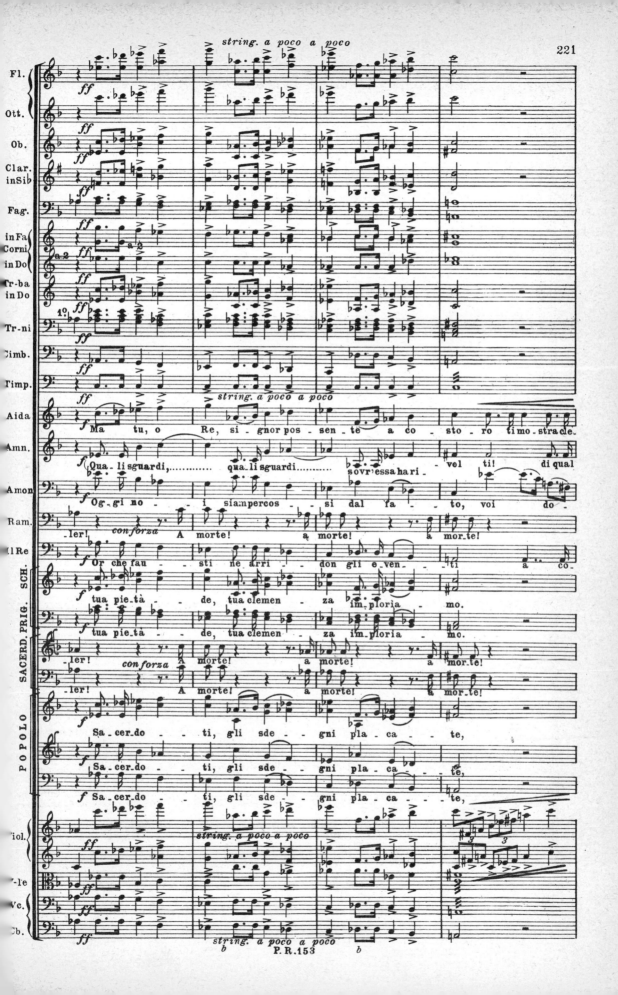

224

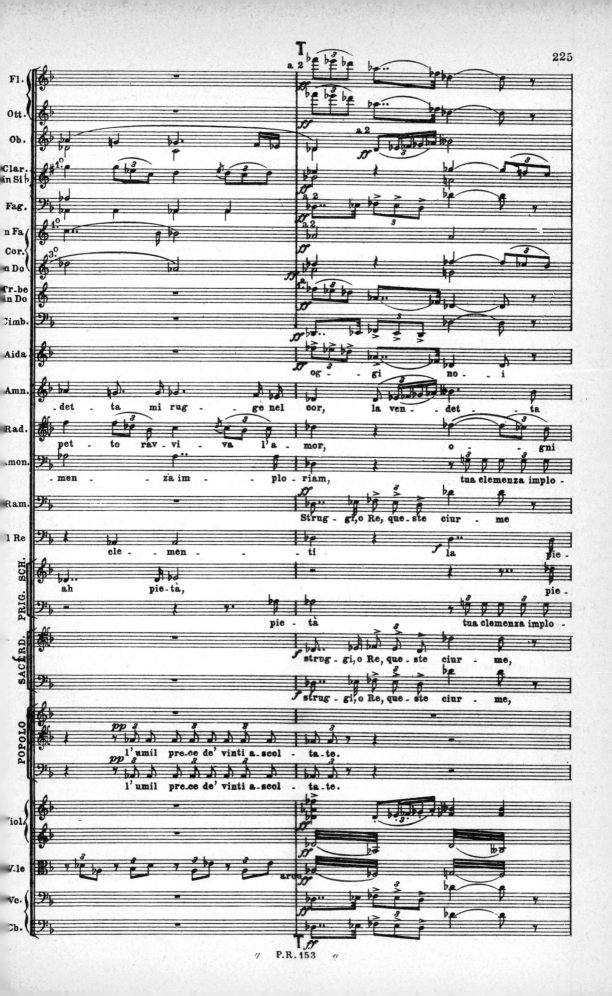

226

Fl.

Ott.

Ob.

Clar.
in Si♭

Fag.

in Fa
Cor,
in Do

Tr.ba 1
in Do

Cimb.

Aida

siam........ per-cos si, do — man

Amn.

la ven - det — ta mi......... rug - ge........ nel

Rad.

stil-la del pian — to a-do — ra — to, del pian - to a-do-

Amon.

-riam, tua clemenza implo - riam,.............. implo - ria — -

Ram.

que - ste ciurme fe - ro - ci, strug - gi, strug - gi;

Il Re

-ta sa - le ai Nu — mi gra-di - ta

PRIG. SCH.

-ta pie - ta,

-riam, tua clemenza implo - riam,

SACERD.

que - ste ciurme fe - ro - ci, strug - gi, strug - gi;

que - ste ciurme fe - ro - ci, strug - gi, strug - gi;

Viol.

V-le

Vc.

Cb.

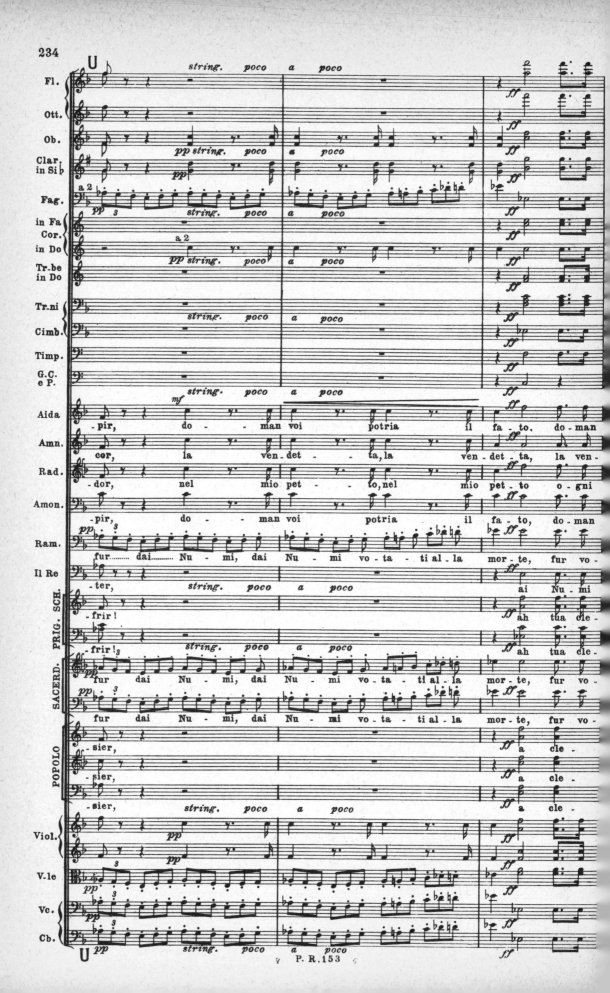

234

P.R.153

236

238

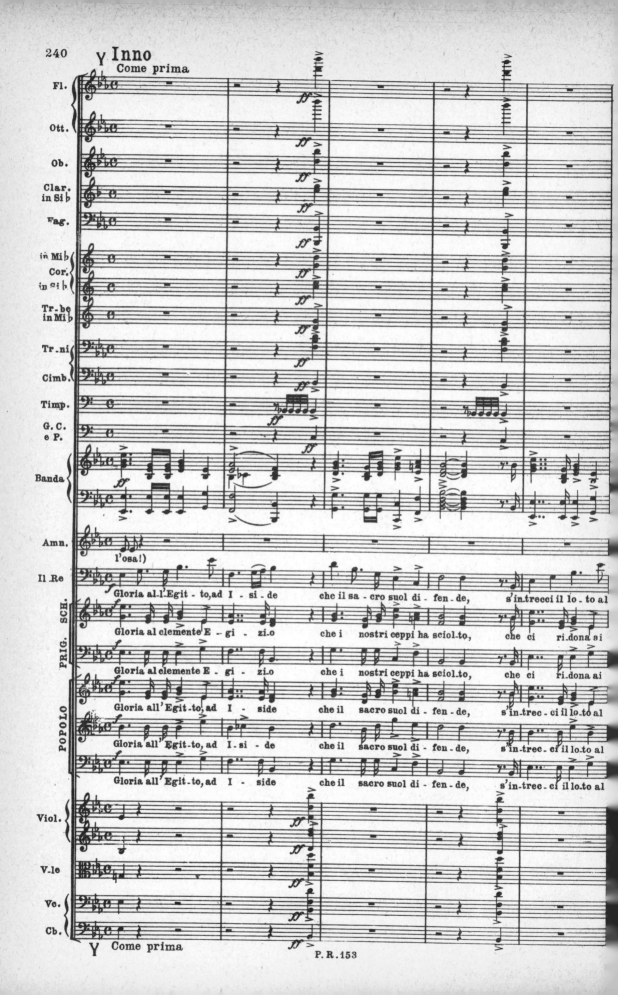

241

244

248

P. R. 153

249

P. R. 153

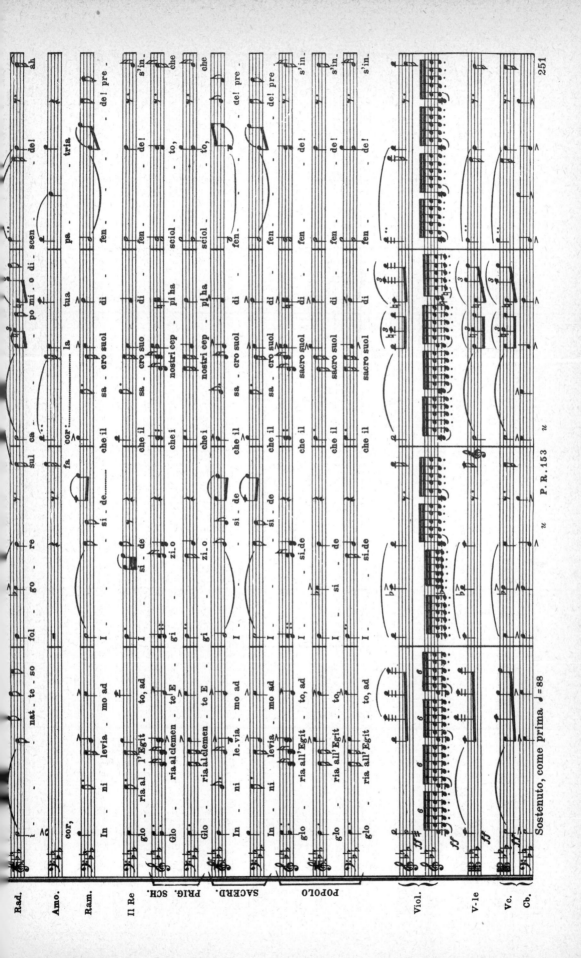

251

Sostenuto, come prima. ♩=88

P. R. 153

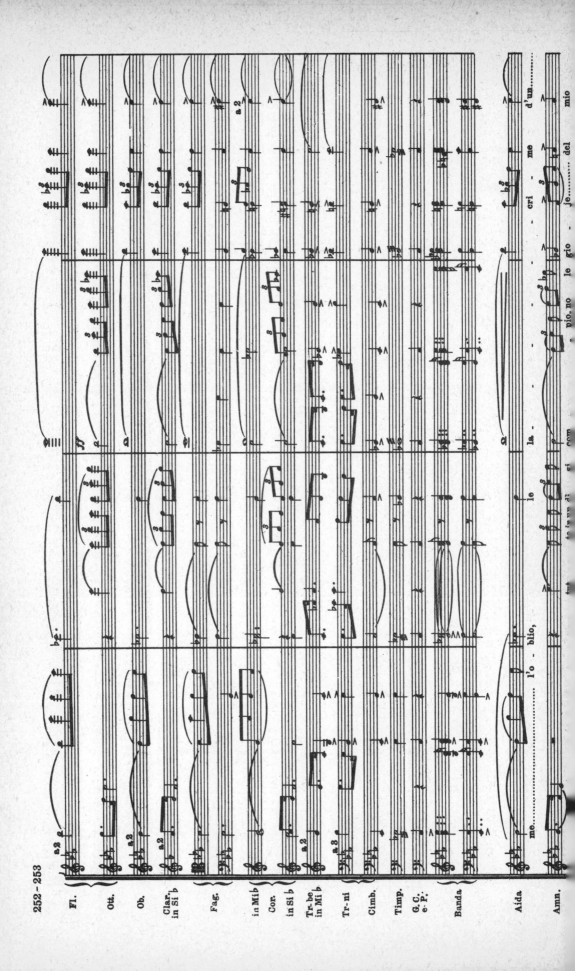

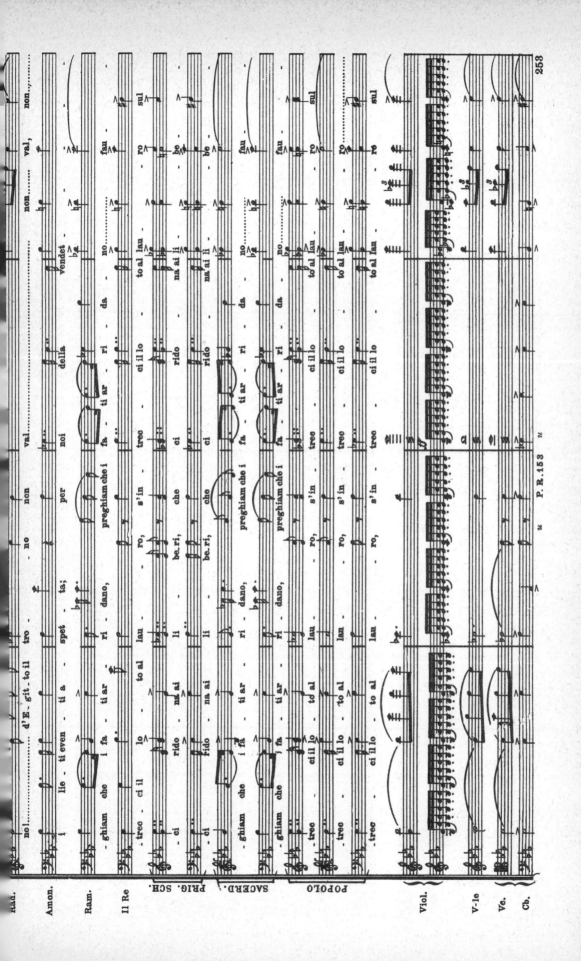

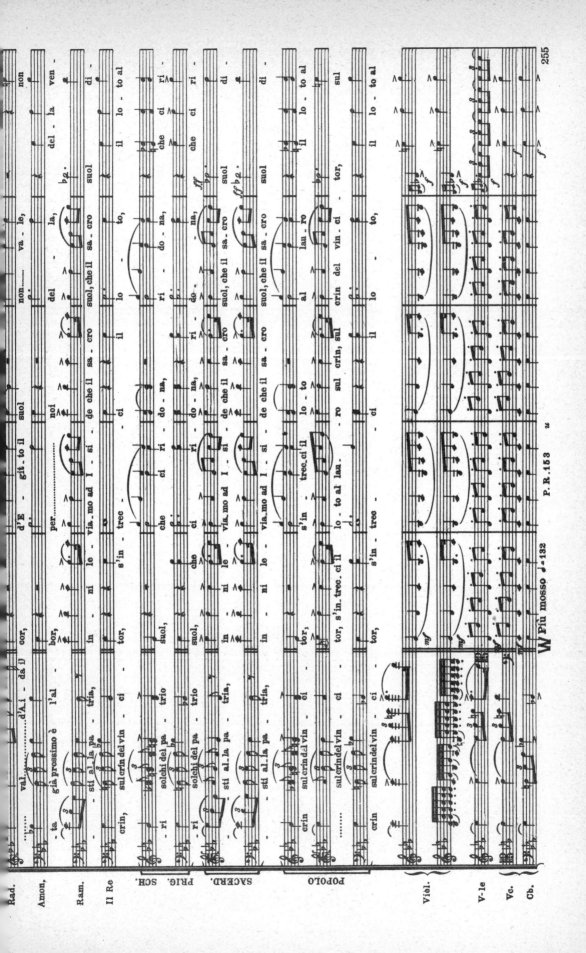

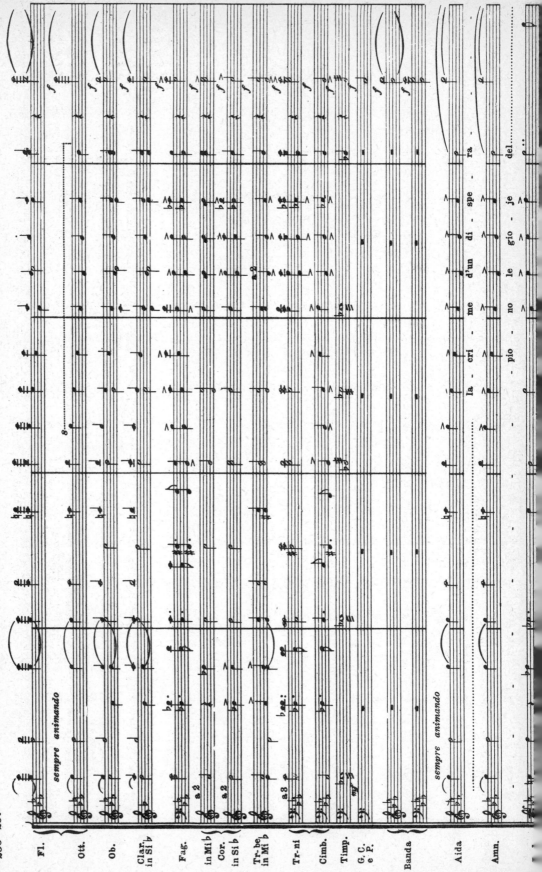

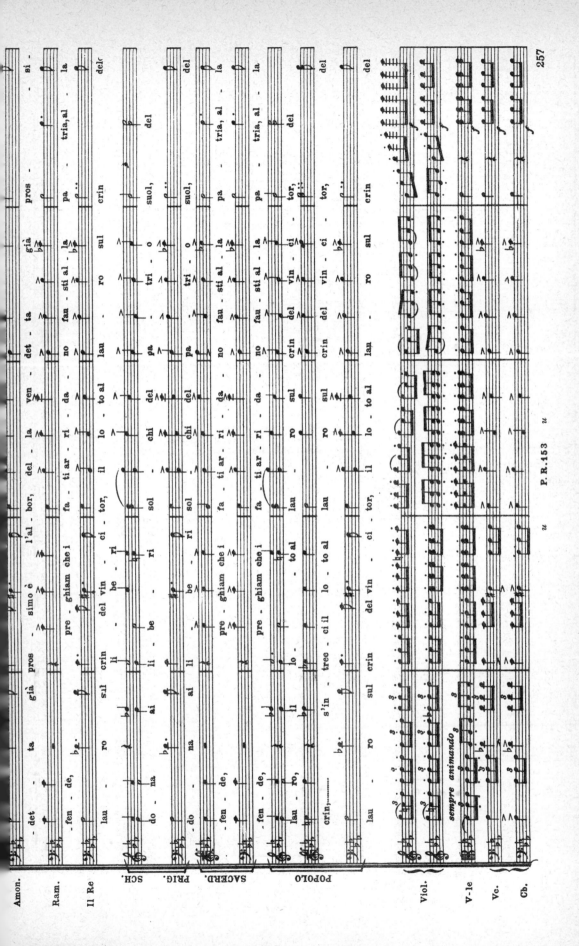

257

P.R.153

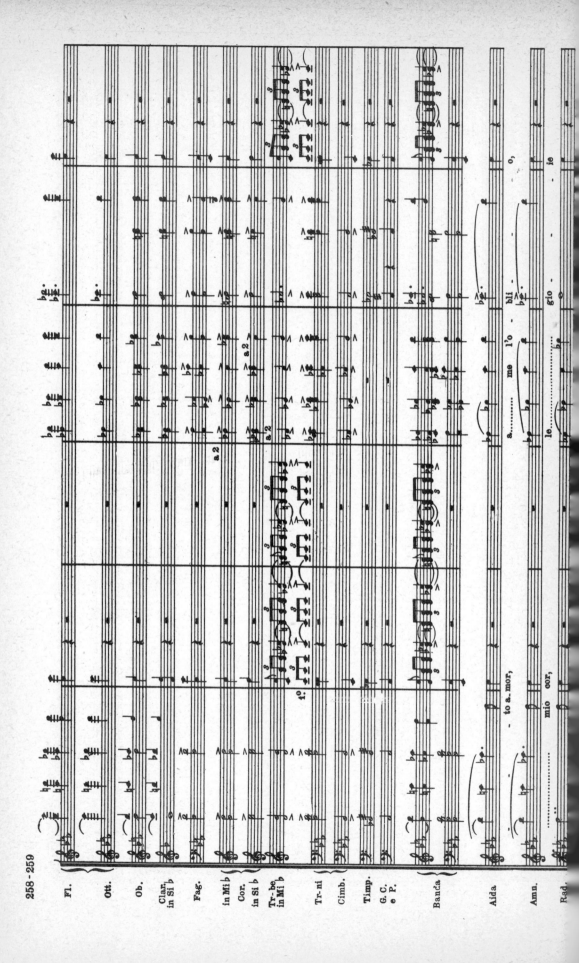

258-259

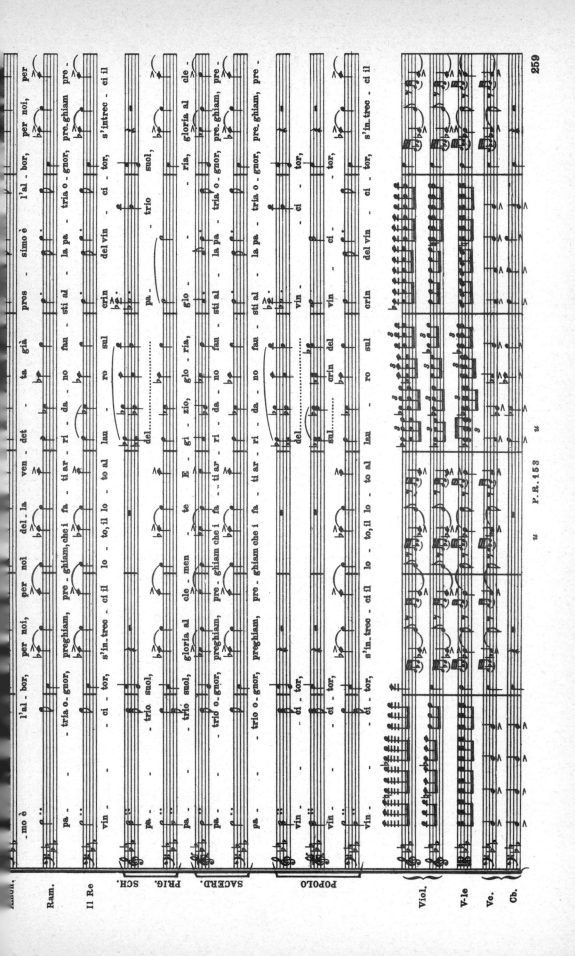

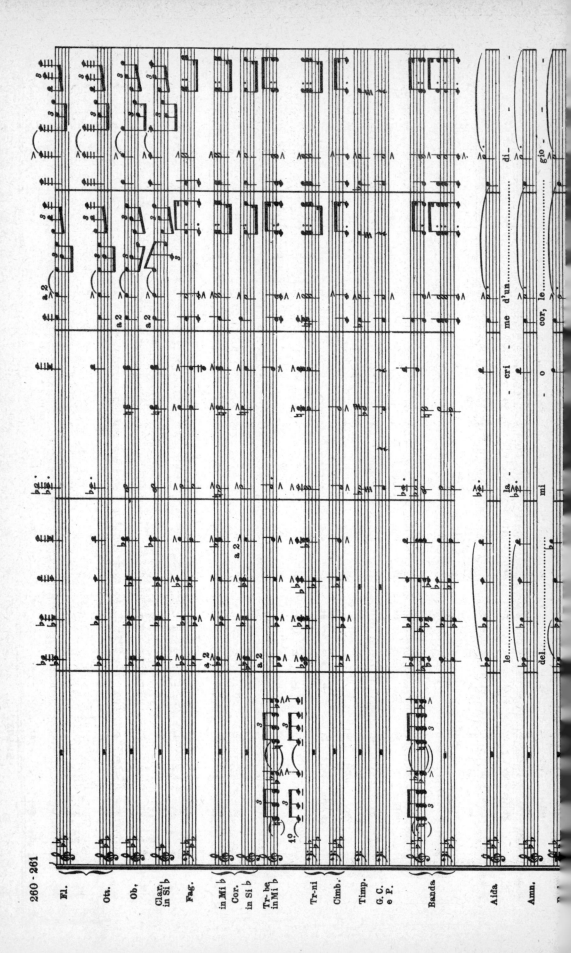

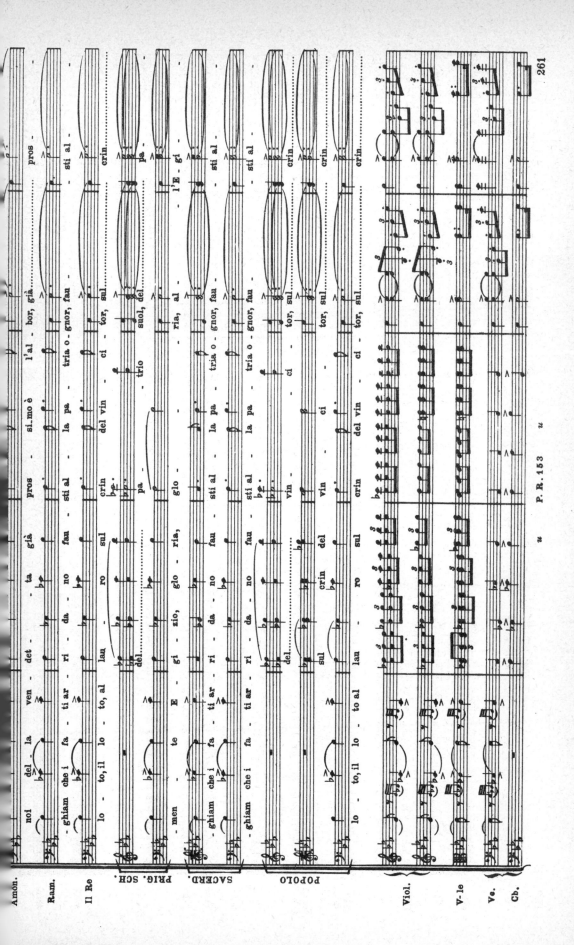

261

P.R.153

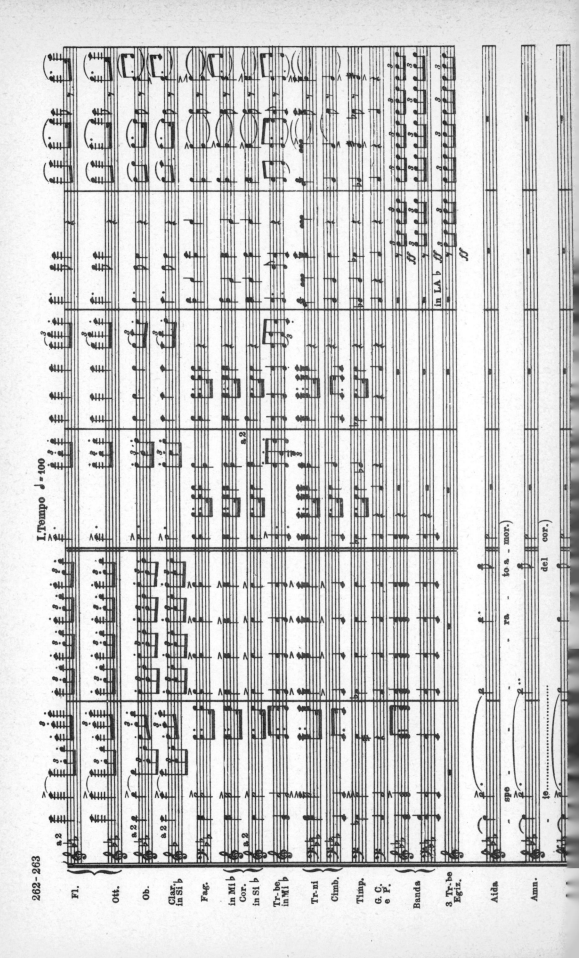

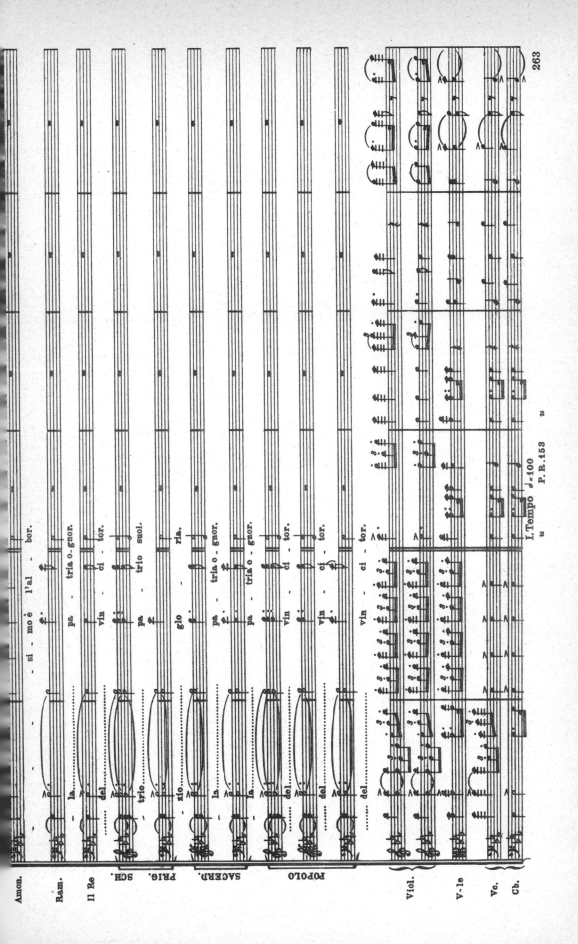

263

Fine dell'Atto Secondo.

ATTO TERZO

Le rive del Nilo.

Roccie di granito fra cui crescono dei palmizii. Sul vertice delle roccie il tempio d'Iside per metà nascosto tra le fronde. È notte stellata. Splendore di luna.

INTRODUZIONE, PREGHIERA-CORO, ROMANZA - AIDA

270

272

278

280

P.R.153

282

298

300

302

304

P. R. 153

306

Duetto AIDA-RADAMÈS

311

F.R. 153

314

316

P.R. 153

318

324

P.R. 153

-giam da que - ste mu - ra, al de - ser-to insiem fug gia - mo; qui sol re - gna la sven-

.tu . ra , là si schiude un ciel d'a . mor. I de . ser . ti inter mi . na . ti a noi talamo........ sa -

terra av_ven_tu_ra_ta de'miei padri il cielne at_ten_de; i _ vi laura è imbal_sa_ma_ta, i _ vi il

(s'allontanano rapidamente - ad un tratto Aida s'arresta)

_mor, fia   l'a _ mor.   Ma, dimmi:

_mor, fia   l'a _ mor.

334

342

io re_sto a te.

349

P.R. 153

Fine dell'Atto terzo.

ATTO QUARTO

SCENA PRIMA
Sala nel Palazzo del Re.

Alla sinistra una gran porta che mette alla sala sotterranea delle sentenze.- Andito a destra che conduce alla prigione di Radamès.

SCENA E DUETTO
AMNERIS E RADAMÈS

(Amneris mestamente atteggiata davanti la porta del sotterraneo)

354

356

P. R. 153

358

P.R.153

360

362

P. R. 153

364

368

P.R. 153

372

376

378

380

382

Tempo doppio=lo stesso movimento

(Amneris cade desolata su un sedile)

(Radamès parte circondato dalle guardie)

392

-ra_ti mini_stri di morte!... Oh! ch'io non vegga quelle bianche larve!

(si copre il volto colle mani)

E in poter di co_sto_ro   io stessa lo get_

P.R.153

394

P.R.153

395

P. R. 153

396

P. R. 153

398

400

P.R. 153

403

k   P. R. 153   k

405

408

Come prima

P.R.153

410

412

414

416

418

Cambiamento di scena.

SCENA SECONDA
La Scena è divisa in due piani.

Il piano superiore rappresenta l'interno del tempio di Vulcano splendente d'oro e di luce: il piano inferio-
re un sotterraneo. Lunghe file d'arcate si perdono nell'oscurità. Statue colossali d'Osiride colle mani incro-
ciate sostengono i pilastri della vôlta.

SCENA E DUETTO-FINALE ULTIMO
AIDA E RADAMÈS-AMNERIS E CORO

(Radamès è nel sotterraneo sui gradini della scala per cui è disceso. Al disopra, due Sacerdoti intenti a chiudere la pietra del sotterraneo)

Non ri-vedrò piu A-i-da... A-i-da, o-ve sei tu?

dolcissimo

Pos-sa tu al-me-no vi-ver fe-li-ce e la mia sorte or-ren-da sempre igno-rar! Qual

424

.... i_vi ogni affanno ces _ sa... i _ vi co _ mincia l'esta_si d'un immortale a_

432

P.R. 153

434

438

440

F.R. 153

442

P.R. 153

444

P.R. 453

Fine dell'Opera

RICORDI OFFICINE GRAFICHE S.p.A. - MILANO - 1958 ½